ÉTUDE

SUR

les Réformes à apporter au Mode d'assiette

DES IMPOTS ARABES

DÉVELOPPEMENT DES IDÉES ÉMISES PAGES 40 & 41
DE LA BROCHURE PUBLIÉE EN 1879

PAR PAUL VIALATTE

CONTROLEUR PRINCIPAL DE 1ʳᵉ CLASSE DES CONTRIBUTIONS DIRECTES

FAISANT FONCTIONS D'INSPECTEUR A CONSTANTINE

JACQUELINE FILS, IMPRIMEUR A SAINT-LO

1882

ÉTUDE

SUR

les Réformes à apporter au Mode d'assiette

DES IMPOTS ARABES

DÉVELOPPEMENT DES IDÉES ÉMISES PAGES 40 & 41
DE LA BROCHURE PUBLIÉE EN 1879

PAR PAUL VIALATTE

CONTROLEUR PRINCIPAL DE 1re CLASSE DES CONTRIBUTIONS DIRECTES

FAISANT FONCTIONS D'INSPECTEUR A CONSTANTINE

JACQUELINE FILS, IMPRIMEUR A SAINT-LO

—

1882

ÉTUDE

SUR LES RÉFORMES A APPORTER AU MODE D'ASSIETTE

DES IMPOTS ARABES

(DÉVELOPPEMENT DES IDÉES ÉMISES PAGES 40 & 41
DE LA BROCHURE PUBLIÉE EN 1879)

Définition des Impôts.

Les impôts arabes dans la province de Constantine sont les suivants : *hockor, achour, zekkat et lezma.*

L'*hockor* frappe les terres désignées sous le nom de ARCH, c'est-à-dire celles sur lesquelles les indigènes n'ont qu'un droit de jouissance précaire et non aliénable, qui sont possédées indivisément par la tribu, ou le *douar*, et se trouvent mises à sa disposition, soit par concession originaire, soit par suite de confiscation résultant du droit de guerre.

Cette taxe représente une location que le BEYLIK (l'Etat) entend retirer de propriétés sur lesquelles il a conservé des droits et dont il ne s'est pas complètement dessaisi.

Nous parlerons plus loin de la valeur de cet impôt, mais, par la définition ci-dessus, on voit déjà qu'il ne frappe qu'une partie du territoire se trouvant dans des ·conditions exceptionnelles. (Voir page 19, Objections).

L'*achour* frappe sans exception toutes les terres labourées par les arabes; c'était, avant la conquête, une sorte de dîme prélevée sur les récoltes, impôt religieux dont la terre cultivée était grevée; nous le considérons aujourd'hui comme remplaçant en partie l'impôt foncier.

Le *zekkat* est un impôt sur les bestiaux) chameaux, bœufs, vaches, moutons et chèvres) dû par tous les indigènes sans exception et dans tous les territoires, sauf dans certains où se paie l'impôt *lezma.*

La *lezma* est un nom générique attribué à certaines contributions obligatoires, spéciales, qui se perçoivent sous différentes formes : *Droits de Capitation, droits Mobiliers et Immobiliers.*

L'*hockor*, l'*achour* et le *zekkat* sont des impôts de quotité ; la *lezma* est de quotité dans certains territoires et de répartition dans les autres.

Il est utile, pour l'intelligence de ce qui va suivre, de définir les mots Quotité et Répartition.

Les impôts de quotité sont ceux dont le produit varie d'après la prospérité des communes, de l'industrie et l'exactitude plus ou moins rigoureuse apportée dans les recensements et par conséquent dont le produit ne peut être connu qu'après la confection des rôles.

Les impôts de répartition sont ceux dont le montant est connu à l'avance et pour lesquels la contribution de chacun varie suivant le nombre d'imposables et d'après les facultés individuelles.

Mode d'assiette des impôts
Hockor, Achour et Zekkat. — Déclarations.

Autrefois les impôts arabes étaient assis et perçus par les *caïds* et les *cheikhs* dans chaque tribu et dans chaque douar soumis à leur autorité. Etant connu le caractère des indigènes, on peut songer à quels nombreux abus donnait lieu cette façon de procéder.

Le *caïd* et le *cheikh* n'étant soumis à aucun contrôle, prélevaient à leur bénéfice une large part des produits, ménageaient leurs parents et amis, les exemptaient au besoin et faisaient supporter à leurs ennemis la plus lourde part des charges.

Il se produisait bien quelques réclamations isolées, mais toujours timides et toujours étouffées avant d'avoir été soumises à un examen sérieux ; car ceux qui les formaient avaient, à juste titre, crainte de s'attirer, dans mille occasions faciles à trouver par ceux qui avaient en main le commandement, de dures représailles.

Ces raisons ont décidé le gouvernement français à confier à ses agents l'assiette et la perception des impôts arabes.

A-t-on réussi par cette mesure à triompher des abus que nous venons de signaler ? Nous allons essayer de prouver la négative, et qu'une réforme radicale s'impose de plus en plus aujourd'hui.

Le recensement est confié à des répartiteurs (appellation erronée car ils n'ont rien à répartir), dont la mission est de réunir sur un point central de chaque douar les indigènes, de recevoir la déclaration de chaque contribuable qui doit indiquer la quantité de terrain labourée par lui, ou plutôt le nombre de charrues qu'il emploie et le nombre de bestiaux qu'il possède.

La *Déclaration* se trouve être ainsi l'élément essentiel du recensement.

L'Indigène, on le sait, n'éprouve aucune répugnance à tromper, surtout lorsque son intérêt est en jeu ; mais aussi parce qu'il trompe un Français, son ennemi naturel, le conquérant hérétique d'une terre qui ne devrait porter et nourrir que des sectateurs du Prophète.

Le rôle de l'agent des contributions directes ne peut se borner qu'à des interrogations plus ou moins habilement faites, à prendre des renseignements à diverses sources, à écouter ou plutôt à entendre les conversations qui se tiennent dans les divers groupes qui l'entourent, mais surtout à provoquer les déclarations des *cheikhs* et des *ouakafs* qui l'assistent.

Les *cheikhs* et les *kebirs* de *douar* se trouvent donc encore initiés à l'assiette de l'impôt, et nous retombons fatalement dans les abus reprochés au système abandonné.

Le résultat de ce premier travail est une incertitude complète des forces contributives de chaque indigène, et l'impossibilité d'atteindre le but que le gouvernement s'était proposé, c'est-à-dire le redressement des abus, l'égalité des charges et l'intégralité du paiement de l'impôt.

Certains administrateurs, cherchant à aider l'action du service des Contributions directes, ont pris l'initiative de faire dresser à l'avance par les *cheikhs* des listes d'imposables qui sont seulement consultées, à titre de renseignement, à l'époque des recensements. Cette mesure a du bon en ce qu'elle permet de contrôler, à des époques assez rapprochées, quelques déclarations ; mais elle ne donne que des preuves incertaines et laisse l'indigène dans la persuasion que celui qui le pressurait autrefois peut encore le léser dans ses intérêts, ou lui accorder des immunités suivant son bon plaisir.

Et l'indigène est dans le vrai, car, si le *cheikh* avait moins d'importance, si sa situation ne lui conférait que les indemnités et les privilèges qui lui sont légalement dus, on ne trouverait aucun candidat pour des fonctions aussi ingrates et aussi peu lucratives.

Vérifications.

L'insuffisance de la première opération que nous venons de décrire n'a pas échappé à l'administration supérieure. Cette dernière a prescrit aux répartiteurs des *vérifications* fréquentes, faites à l'improviste et cela à une époque aussi rapprochée que possible de la tournée. Deux inspecteurs ont été nommés dans chaque département, chargés de contrôler ces *vérifications* et d'en opérer de spéciales ; mais ces travaux ne donnent en général que des résultats peu satisfaisants.

Chaque répartiteur est chargé d'une circonscription atteignant généralement 200,000 hectares, et même, dans certaines circonstances, les nouveaux rattachements au territoire civil ont obligé le service à confier plus de 300,000 hectares au même agent. Une seule inspection a une étendue de 3,000,000 d'hectares ; comment l'inspecteur et les répartiteurs pourraient-ils donc, dans un pays non cadastré, et où il n'existe qu'un embryon de constitution de la propriété indigène, se rendre compte des cultures imposables, et cela, surtout, si l'on songe que la contenance d'une seule charrue labourée par un indigène est parfois disséminée sur un espace de 15 à 20 kilomètres.

De deux choses l'une : ou l'on prend pour base des impôts *hockor* et *achour* la contenance labourée,— ou la taxe est fixée d'après le nombre d'instruments aratoires appelés charrues.

Dans la première hypothèse, la vérification ne peut s'étendre qu'à une faible partie du territoire pour le motif que nous venons d'exposer. Mais il faut aussi songer qu'il n'existe aucun rapport authentique entre la charrue et la mesure agraire nommée hectare ; que la contenance d'une charrue est variable de canton à canton et même est variable pour chaque canton suivant que l'année est sèche ou pluvieuse ; qu'ainsi qu'il a été dit plus haut, l'indigène ne laboure pas en un seul tenant toute la contenance de la charrue qui est souvent le total de quatre ou cinq parcelles distantes les unes des autres.

Et si l'agent de l'assiette avait à reconnaître toutes les cultures, il aurait à se livrer à un travail presqu'aussi long que celui de la constitution de la propriété.

Dans la seconde hypothèse, si l'on compte comme base de l'impôt les instruments appelés charrues, l'indigène dissimulera avec la plus grande facilité l'outil primitif et peu lourd qu'il emploie, dès qu'il aura connaissance de l'arrivée du répartiteur.

Et, d'ailleurs, la charrue n'est pas, la plupart du temps, remisée dans la *mechta* et reste au loin, dans les champs, aux endroits où les labours s'effectuent; quant aux bœufs qui la mènent, on verra par ce qui sera dit plus loin, en matière d'impôt *zekkat*, quelles facilités ont les indigènes pour les dissimuler.

Si les vérifications sont presqu'illusoires en ce qui concerne les impôts *hockor* et *achour*, elles deviennent pour ainsi dire impossibles en ce qui concerne le *zekkat*.

En effet, dans le département de Constantine, l'usage universel est de faire voyager les troupeaux pendant la plus grande partie de l'année. Ils partent en *Achaba* vers le commencement de l'hiver et ne rentrent guère qu'au moment des récoltes. En réalité, les éléments possibles du *zekkat* sont presque toujours absents au moment des recensements, et restent fort peu de temps dans le *douar* habité par l'indigène qui les possède.

Mais en supposant même que le répartiteur parvienne à joindre les troupeaux dont il doit vérifier le compte, il vient se heurter contre des difficultés sans nombre. Les animaux de divers propriétaires sont souvent mêlés, et les individus préposés à leur garde déclarent comme ils l'entendent, et lorsqu'ils y consentent, les parts de chacun. Peut-on se fier à une déclaration encore plus suspecte que celle qui a été recueillie dans le principe ?

Dans les contrées où se trouvent des cultivateurs européens, l'Arabe n'hésite pas à déclarer qu'une partie des animaux trouvés par le répartiteur ne sont pas les siens et ont été seulement confiés à sa garde. Il est pénible de constater que les Européens sont souvent les premiers à encourager une fraude qui fait perdre des sommes importantes à l'État et au Département.

Le système de recensement que nous venons de décrire est, non-seulement inefficace, mais il constitue une sorte d'inquisition , de vexation permanente pour les indigènes. Il amène fatalement une certaine hostilité entre le contribuable et l'administration qui ne devrait apparaître que comme tutrice des intérêts des contribuables et comme conseil dans leur différents.

On peut voir aussi que, dans cet ordre d'idées, les agents les plus zélés seront les plus exposés aux dénonciations et aux plaintes ; car le *cheikh* qui aura reçu, soit une somme d'argent, soit un présent pour favoriser une dissimulation, sera le premier à se plaindre du répartiteur qui veille pour la découvrir, le premier à entraver son action.

Par suite, dans certaines circonscriptions, la situation des agents devient fort difficile.

Réclamations.

Il est facile de concevoir qu'avec un recensement exécuté d'une façon aussi imparfaite, les rôles soient loin de représenter la situation exacte des facultés des contribuables et contiennent de nombreuses erreurs.

Si le droit de réclamation s'impose pour des taxes plus rationnelles et mieux établies que les impôts arabes, ce que nous venons de dire prouve combien il est indispensable de laisser l'indigène user de ce droit.

Malheureusement l'instruction des demandes ne présente pas plus de garanties que les recensements.

L'indigène, généralement peu instruit, formulait autrefois peu de réclamations, mais, petit à petit, le contact des Européens lui a permis de connaître nos rouages administratifs, et maintenant qu'il sait que la procédure, en ce qui concerne les impôts directs, est

absolument gratuite, il ne se fait pas fauté de récla-
mer à tort ou à raison.

Les mêmes difficultés, les mêmes inconvénients se
présentent lorsqu'il s'agit de vérifier une réclamation
qu'au moment du recensement, ils sont même plus
grands, car il ne faut plus seulement prouver que l'indigène possède un certain nombre de bestiaux, mais de
prouver qu'il les possédait à une époque déterminée. Si
la vérification trouve en sa possession un nombre de
bestiaux égal ou supérieur à celui contre lequel il réclame,
il affirmera qu'il a fait des acquisitions postérieures à la
date du passage du répartiteur.

Les administrateurs pour formuler leurs avis sont
encore forcés, dans ce cas, de demander des renseignements aux *cheikhs* et *ouakafs* qui se trouvent de nouveau
participer à l'assiette de l'impôt.

Aujourd'hui, l'indigène ne craint même plus de recourir à l'expertise et réussit souvent, par ce moyen, à se
faire dégrever d'un impôt parfaitement établi ; car le
répartiteur trouvera parfois un ou deux témoins pour
affirmer son dire dans un *douar* où le réclamant réunira,
sans beaucoup de peine, cinquante faux témoignages.

Remède à apporter à l'état de choses actuel.

Le remède le plus efficace à apporter à l'état de choses
actuel serait la substitution d'un impôt territorial aux
taxes existantes ; alors les redevances étant établies proportionnellement à la superficie et à la qualité des terres,
l'impôt serait aussi équitable que possible et soustrait
aux fluctuations amenées par les passions humaines.

Mais les circonstances ne permettent pas aujourd'hui de recourir à ce moyen ; le cadastre n'est terminé que dans une faible partie du territoire, et il faudrait un long temps pour le compléter (1).

Cependant, en attendant qu'on puisse employer ce système qui certainement est le plus rationnel et le plus juste, il en existe un autre qui nous paraît appelé à donner d'excellents résultats, si nous en jugeons par ce qui se passe dans certaines tribus de Kabylie.

Nous voulons parler de l'impôt de répartition qui, notamment dans l'arrondissement de Bougie, fonctionne déjà en ce qui concerne la *lezma*, se recouvre facilement et ne donne lieu qu'à de très rares réclamations.

Le système que nous voudrions voir préconiser est le suivant :

Un contingent serait fixé à l'avance pour chaque *douar*, contingent qui devrait être intégralement recouvré, ce qui permettrait aux pouvoirs publics de compter sur des produits certains.

Les demandes en dégrèvement qui se produisent ne peuvent avoir que deux origines : 1° Une erreur provenant de la commission de répartition, et, dans ce cas, le dégrèvement viendrait s'ajouter au contingent de l'année

----

(1) Dans l'ouvrage que nous avons publié en 1879 , nous avons exprimé tout notre étonnement de voir abandonner en Algérie les travaux du cadastre qui, bien entendus, pourraient être menés de front et sans grand supplément de dépenses avec ceux de la constitution de la propriété.

L'achèvement du cadastre faciliterait les transactions avec les indigènes, diminuerait le nombre des contestations, tout en fournissant des bases certaines pour l'impôt.

suivante ; 2° des pertes accidentelles de récoltes ou de bestiaux, donnant lieu à des remises ou modérations gracieuses qui seraient couvertes par des centimes additionnels formant un fonds spécial de non-valeurs.

Ainsi, dans cet ordre d'idées, la somme à payer par chaque *douar* se compose d'un principal et de centimes additionnels.

Le principal serait la part revenant intégralement par moitié à l'État et au Département; dans les centimes additionnels seraient compris les centimes actuellement afférents aux budgets des communes, à l'assistance hospitalière et à la constitution de la propriété, plus, un nombre de centimes destiné à former un fonds de non valeurs, plus au besoin, d'autres centimes que les corps constitués pourraient être autorisés, *en cas d'urgence, à voter, mais cela, sous la réserve d'un maximum.*

Quant aux réimpositions, elles constituent une opération purement mécanique confiée au Directeur des Contributions directes, chargé de préparer chaque année les projets de contingents et de les soumettre à la sanction des corps constitués.

Il serait fourni un état par *douar*, par commune, et récapitulé pour présenter la situation totale de chaque département.

On peut voir immédiatement le bénéfice qui peut être retiré de ce système, c'est-à-dire l'intégralité de la perception du contingent qui forme ainsi un fonds connu d'avance et sur lequel on peut compter.

Il est cependant nécessaire de ne pas abandonner le projet de faciliter aux agents des Contributions diverses le service des poursuites en leur donnant des moyens d'action plus efficaces.

Le rôle des répartiteurs, des Contributions directes ne serait pas diminué, ils auraient mission de surveiller la juste répartition des charges (leur nom deviendrait alors rationnel), de s'opposer aux inégalités flagrantes qui d'ailleurs deviendraient bien rares, car l'Arabe apprendrait vite que la partie d'impôt dont un de ses voisins voudrait s'exempter retomberait fatalement à sa charge, et il n'hésitera pas à faire connaître la vérité.

Le répartiteur continuerait en outre à être chargé de la rédaction des matrices et du service des réclamations, mais il devrait s'appliquer surtout à dresser des statistiques qui, avec la facilité qu'il aurait de se procurer des renseignements, lui permettraient de se rendre un compte exact des forces contributives de chaque *douar* et de donner des chiffres indiscutables, lorsqu'à des des époques déterminées, on apporterait des modifications dans les contingents.

Pratique.

La *mise en Pratique* du système de répartition ne présente pas de grandes difficultés

Le directeur des Contributions directes serait chargé de faire un dépouillement des impôts payés pendant les cinq ou six dernières années et d'en prendre une moyenne pour chaque *douar*, il aurait aussi à tenir compte, pour la même période, de la moyenne des dégrevements accordés à titre de décharge et de réduction ; il devrait aussi calculer, pour la formation du fonds de non - valeurs, la quotité des dégrevements accordés à titre gracieux.

Le contingent ainsi préparé serait soumis pour chaque département à la sanction, soit de la Chambre des députés, soit du Conseil supérieur (cela sort de notre compétence). Mais la répartition par commune et par *douar* devrait avoir la sanction du Conseil général, juge en matière de réclamations concernant le deuxième degré de répartition.

Le dernier degré de répartition, ou la répartition individuelle serait confiée à des commissaires nommés dans chaque douar et dont le nombre serait au moins de treize, de façon à ce que toutes les parties du territoire soient représentées.

Nous ne serions pas éloigné de demander que les commissaires-répartiteurs de chaque *douar* soient nommés à l'élection pour une durée de deux ou trois ans ; ce serait un moyen de familiariser l'indigène avec nos institutions et aussi de lui laisser en partie la responsabilité de l'assiette de l'impôt. Cependant, si ce mode de recrutement présentait des difficultés, la nomination des commissaires - répartiteurs pourrait être confiée aux préfets et aux sous-préfets sur les propositions des administrateurs.

La Commission se réunirait dans chaque *douar* sur un point central ; elle serait présidée par l'administrateur, ou, à son défaut, par son adjoint ; l'adjoint indigène en ferait aussi partie de droit. Les indigènes seraient invités, comme par le passé, à formuler des déclarations, qui seraient revisées par la Commission.

Cette dernière aurait aussi pour mission de faire

inscrire d'office les contribuables qui se refuseraient à formuler une déclaration, et de faire rectifier les fausses déclarations.

Le répartiteur des Contributions directes doit assister à toutes les opérations, il est le secrétaire de la commission ; il appelle les noms des contribuables et met au courant des bulletins qui doivent servir à la rédaction de la matrice. Cette dernière pièce sera ultérieurement remise à l'administrateur, lequel se chargera de la faire signer, dans un délai déterminé.

Ce travail terminé, ainsi que la confection des rôles et avertissements, une copie de la matrice, en langue arabe, pourrait être déposée chez chaque administrateur. Cependant, si ce travail paraissait trop long et trop dispendieux, il pourrait être laissé de côté, à la condition expresse que les rôles mis entre les mains des receveurs soient exactement traduits en langue arabe, dans un cadre synoptique, ainsi que les avertissemsnts destinées à chaque contribuable.

Nous avons, en peu de mots, essayant de le mettre à la portée de tous, fait l'exposé du système que nous préconisons. Il nous reste à parler de l'impôt *lezma* qui revêt différentes formes dans la province de Constantine. Dans une partie de la Kabylie, il est déjà de répartition, mais on s'accorde à dire que les contingents sont relativement faibles ; dans une autre partie et dans le sud de la province, cet impôt est de quotité, mais il est aussi avéré que les tarifs à appliquer aux objets imposables, palmiers, feux, etc., ne sont pas assez élevés. Est-ce cette raison qui a fait gréver la *lezma* d'un plus grand nombre de centimes additionnels pour la constitution de la propriété ? D'aucuns l'affirment. Mais, s'il en est ainsi, c'est une anomalie qui doit disparaître sous un gouvernement d'égalité et avec l'impôt de répartition.

En Kabylie, la propriété est plus facile à reconnaître que partout ailleurs ; elle est parfaitement délimitée et détenue, dans la plupart des cas, par les mêmes familles, et cela, depuis de longùes années (1).

Les propriétaires ou locataires de palmiers dans le Sud sont faciles à trouver, et rien n'est plus aisé que d'établir des contingents là où le revenu moyen d'un arbre est connu de tout le monde, et de mettre les contingents en rapport avec ceux des douars dont les habitants s'occupent de culture ou d'élevage. Dans tous les cas, les centimes additionnels ne peuvent représenter un principal d'impôt, puisqu'ils ne font pas partie du même fonds, qu'ils ont une destination spéciale, tandis que le principal doit être versé par moitié dans les caisses de l'Etat et du Département, jusqu'ici, déduction faite des parts des chefs indigènes. Ces centimes additionnels constituent d'ailleurs une flagrante injustice pour les gens du Sud qui ne verront probablement s'opérer chez eux la constitution de la propriété que dans un temps fort éloigné, et en supportent, malgré cela, principalement les charges.

Il serait donc nécessaire d'établir pour les douars qui paient la taxe *lezma*, des contingents en rapport avec ceux des douars de culture ; et, ainsi que nous venons de

____

(1) Sauf les cas de séquestre dans lesquels les terres deviennent des Azels, et le séquestre, lorsque l'occasion s'en présente, est la meilleure constitution de la propriété indigène qui devient ainsi le futur apanage de nos colons.

le dire, cette opération ne présenterait pas de grandes difficultés et ne demanderait que fort peu de temps, ces territoires étant relativement peu étendus.

Dans les provinces d'Oran et d'Alger où il est fait deux tournées, l'une pour la constatation du *zekkat*, l'autre pour l'assiette de l'impôt *achour*, on réaliserait une grande économie de temps et les rôles d'*achour* pourraient être publiés en même temps que les autres.

Pour le département de Constantine, les répartiteurs n'ayant, pour ainsi dire, plus de discussions à soutenir au sujet des déclarations, beaucoup moins de recherches à effectuer, pourraient opérer les recensements dans un délai plus court.

Cette avance donnerait aux agents du recouvrement beaucoup plus de facilité pour faire rentrer les impôts ; car ils seraient possesseurs des pièces comptables dans un moment où l'indigène n'a pas encore eu le temps de vendre tout le produit de sa récolte et où la terre est déjà dépositaire de la future moisson, deux garanties qu'ils sont loin d'avoir aujourd'hui.

Si à ces avantages étaient ajoutés des facilités de poursuites, l'amélioration de la situation des agents secondaires, porteurs de contraintes, — projets qui ne sont pas de notre compétence mais dont nous parlons parce que nous croyons savoir qu'on s'en est déjà préoccupé, — on pourrait réaliser un immense progrès.

Alors le contribuable, ne pouvant plus faire remonter à l'administration la responsabilité des erreurs qui peu- vent se produire, celle-ci reprendra sans secousse, sans pression, son prestige aujourd'hui bien diminué aux yeux des populations indigènes qui ne peuvent constater que sa faiblesse et l'impossibilité dans laquelle elle se trouve de sauvegarder les intérêts de l'Etat.

Objections.

On peut dire que les contingents n'auront pas de fixité dans la plupart des douars des communes mixtes, car la constitution de la propriété est, dans nombre d'endroits, en voie d'exécution et l'impôt *hockor* doit disparaître au fur et à mesure que les titres sont délivrés.

Nous pourrions simplement dire qu'au moment où la constitution de la propriété sera faite dans un douar, le contingent sera diminué du montant de l'*Hocokr*, puisque cette diminution doit venir frapper l'impôt de quotité, s'il est maintenu.

Mais tel n'est pas notre argument ; nous prétendons que l'*hockor* n'est pas dû par les indigènes.

En effet, cette taxe doit-elle être considérée comme impôt ou comme redevance ?

Si elle est considérée comme impôt, et cela ne peut être, elle doit disparaître immédiatement, car elle froisse l'égalité, ne s'applique qu'à une exception et se trouve en contradiction avec nos institutions et le but que veulent atteindre nos lois fiscales.

Si elle est considérée comme redevance, elle devrait être perçue par l'administration des domaines à titre de location. Mais cette location, l'Etat n'a plus le droit de l'exiger, puisque le sénatus-consulte a anéanti ses droits et qu'il ne fait aujourd'hui que surveiller la juste répartition des terres qu'il a abandonnées, et s'enquérir s'il n'a pas des droits à revendiquer sur quelques-unes (cela se trouve être une exception) qui pourraient être indûment détenues.

L'indigène qui peut prouver une longue occupation de terrain, qui en a récolté les fruits sans contestation, est nécessairement mis en possession de la parcelle occupée par lui.

A notre avis l'Etat, faisant même payer aux indigènes (centimes afférents à la constitution de la propriété) les frais occasionnés par les commissions chargées de procéder à la mise en possession des terres dont il s'est dessaisi, n'a plus aucune redevance de location à percevoir et, si ces terres devaient payer une taxe quelconque, c'est au profit du douar que cette taxe devrait être perçue partout où la constitution de la propriété n'est pas achevée. D'ailleurs cet achèvement ne peut être qu'une cause de dol pour les indigènes qu'il serait souverainement injuste de rendre responsables des lenteurs inhérentes à l'opération ou à son mode d'exécution. Du reste, nous trouvons dans le genre d'assiette de l'*hockor* des inégalités inexplicables ; certaines terres reconnues *melk* par le sénatus-consulte ont continué de payer cette taxe, d'autres en ont été exemptées. Nous pourrions citer une fraction de tribu qui, avant l'insurrection de 1870 payait l'*hockor*, et qui, déplacée pour fait de guerre, a été depuis exemptée de cette taxe pour les terres qu'on lui a données en compensation.

Ces inégalités ne peuvent se perpétuer, malgré certaines appréciations dictées plutôt par un esprit de fiscalité que par le respect de la justice et du droit.

Mais l'Etat a le droit de faire rentrer l'intégralité des

impôts qui lui sont dus, et surtout en ce qui concerne le *zekkat,* plus d'un cinquième des éléments passibles est dissimulé. En tenant compte de ce fait qu'il nous serait facile de prouver par les témoignages des administrateurs et des agents préposés au recensement, on pourrait augmenter les contingents de façon à compenser les douze cents mille francs que la suppression de l'*hockor* ferait disparaître du chiffre des recettes et cela tout en réparant une injustice.

On peut encore objecter que dans les communes de plein exercice les contingents seront difficiles à établir pour cette raison que les intérêts des indigènes sont souvent mêlés à ceux des Européens, surtout en ce qui concerne la culture. Nous répondrons qu'une statistique faite par nous prouve qu'il y a, en somme, peu de variation dans le produit des impôts arabes pour les communes de plein exercice, qu'on peut conclure que les éléments qui s'y trouvent changent peu d'année en année. Et même, nous dirons qu'en fixant pour ces territoires des contingents dans le sens que nous avons indiqué, on aura la certitude de ne pas avoir surtaxé l'indigène qui, nous l'avons exposé, a jusqu'ici souvent trouvé un moyen de plus d'alléger ses charges en attribuant à l'Européen, et de connivence avec lui, une partie des matières imposables qu'il possède.

Il serait regrettable de voir continuer les errements actuels, même dans les communes de plein exercice où le cadastre est fait et pour lesquelles nous n'osons demander, en remplacement des impôts arabes, une taxe foncière, à cause des nombreux changements que les nouvelles créations et les besoins de la colonisation apportent dans les travaux que nous possédons ; mais, lors même qu'une exception serait faite, la réforme proposée n'en régulariserait pas moins l'assiette et le recouvrement de l'impôt dans les neuf dixièmes du territoire.

Les adversaires du système de répartition peuvent encore dire que les pertes de récoltes et de bestiaux sont très-fréquentes en Algérie et que les centimes additionnels afférents au fonds de non-valeurs peuvent être absorbés et même devenir insuffisants pour certaines circonscriptions.

Mais les calamités ne sont jamais générales et n'atteignent jamais toutes les facultés des contribuables. Aussi nous ne demandons pas un fonds de non-valeurs par commune, mais pour tout le territoire de la colonie, et auquel chaque division administrative viendrait participer proportionnellement aux richesses constatées.

Préparation du Cadastre.

En appliquant l'impôt de répartition, on diminuerait considérablement la tâche des agents des Contributions directes. Ne serait-il pas possible d'employer leurs moments de loisir, pendant une époque de l'année, à préparer l'impôt territorial dont nous avons parlé plus haut ?

D'éminents fonctionnaires ont déjà parlé de registres terriers, de plans ou croquis levés rapidement.

Le service possède d'anciens géomètres de la topographie dont le zèle ne ferait pas défaut et dont la capacité est depuis longtemps reconnue.

Parmi les nouveaux agents coloniaux, il s'en trouve d'intelligents et laborieux qui, sous la surveillance d'inspecteurs éclairés et en suivant pendant un certain temps leurs camarades, arriveraient vite à fournir une collaboration précieuse.

On pourrait sûrement par ce moyen préparer petit à petit le cadastre du territoire sans grandes dépenses et sans nombreux personnel.

Dernières Observations.

On a demandé de toutes parts et enfin obtenu que, pour certains crimes et délits les Arabes soient solidaires les uns des autres. Le travail que nous soumettons humblement au jugement de l'autorité supérieure n'est autre chose que le moyen d'appliquer la responsabilité collective en matière d'impôt, et cela, par l'Indigène lui-même sans léser ses intérêts et sans le pressurer.

L'impôt de *Quotité* est un rêve de justice impraticable avec les impôts dits arabes, et nous ne trouvons pas d'expédient plus avantageux, jusqu'à l'achèvement du cadastre, ou de la confection des plans et livres terriers, que celui que nous indiquons, pour remédier au déficit des budgets et à une situation critique qui s'aggrave de de jour en jour.

L'Inspecteur, faisant fonctions, de la 2e division de Constantine,

P. VIALATTE

www.ingramcontent.com/pod-product-compliance
Lightning Source LLC
Chambersburg PA
CBHW051414060726
47596CB00005B/2216